不得不知的人类文明

BUDEBUZHI DE
RENLEI WENMING

1

中国古寨

ZHONGGUO GUZHAI

知识达人 编著

成都地图出版社

图书在版编目（CIP）数据

中国古寨 / 知识达人编著 . —— 成都：成都地图出版社，2017.1（2021.5 重印）
（不得不知的人类文明）
ISBN 978-7-5557-0441-6

Ⅰ . ①中… Ⅱ . ①知… Ⅲ . ①乡村—介绍—世界
Ⅳ . ① K915

中国版本图书馆 CIP 数据核字 (2016) 第 210469 号

不得不知的人类文明——中国古寨

责任编辑： 赖红英
封面设计： 纸上魔方

出版发行： 成都地图出版社
地　　址： 成都市龙泉驿区建设路 2 号
邮政编码： 610100
电　　话： 028 - 84884826（营销部）
传　　真： 028 - 84884820
印　　刷： 唐山富达印务有限公司
（如发现印装质量问题，影响阅读，请与印刷厂商联系调换）

开　　本： 710mm×1000mm　1/16			
印　　张： 8		**字　　数：** 160 千字	
版　　次： 2017 年 1 月第 1 版		**印　　次：** 2021 年 5 月第 4 次印刷	
书　　号： ISBN 978-7-5557-0441-6			
定　　价： 38.00 元			

　　为什么古巴比伦城被称为"空中的花园"？威尼斯为什么建在水上？四大文明要到哪里寻找呢？拉菲庄园为什么盛产葡萄酒？你想听听赵州桥的故事吗？你知道男人女人都不穿鞋的边陲古寨在哪里吗？你去过美丽峡谷中的德夯苗寨吗？

　　《不得不知的人类文明》包括宫殿城堡、古村古镇、建筑奇迹等。它通过浅显易懂的语言、轻松幽默的漫画、丰富有趣的知识点，为孩子营造了一个超级广阔的阅读和想象空间。

　　让我们现在就出发，一起去了解人类文明吧！

目录

目 录

目录

神秘的东方古堡

　　桃坪羌寨是世界上保存最完整的尚有人居住的碉楼与民居融为一体的建筑群，享有"天然空调"之盛赞。

　　在众多的羌族村寨中，桃坪羌寨是羌族人民从古至今居住时间最长的村寨之一。这座寨子已经有了2000多年的历史了，它还有"东方古堡"的美称哦！

桃坪羌寨位于四川省的阿坝藏族羌族自治州，是世界上保存最完整的羌族建筑，至今仍保持着古朴的风貌。

走进寨子，首先映入眼帘的就是雄浑挺拔的碉楼。可别小看这些碉楼，它们是村民们最温暖的家哦！碉楼屹立在村寨中，高高低低，参差不齐，大多高3米左右，但也有个别超过了10米。它们的形状也是各不相同，四角的、六角的、八角的，像章鱼的触手一样千姿百态。这些碉楼大多用泥土、石头、麻筋、木头等材料建成。虽然它们在建造中没有使用现代城市建筑中常用的钢筋水泥，但是能够

在风雨中屹立数千年，其牢固程度也可想而知了！

　　到过桃坪羌寨的人，都觉得它像迷宫一样，为什么这样说呢？我们一起去找找原因吧！

　　走进桃坪羌寨，每个墙体之间都有巷道。这些巷道不仅幽深，而且还十分神秘。一些巷道上还搭建了房屋，又形成了无数条暗道。游人走在这样一条条错综复杂的小路上，自然会产生走进了迷宫一样的感觉。

　　从高空俯视整个桃坪羌寨，你就会看到村寨的中心——寨子内最高的碉楼。它的四周有8个放射状的出入口，而这8个出入口又通过13个甬道将寨子织成了四通八达的路网。这样

的布局，任谁走在里面，想不迷路都难啊！

所以，如果你想去桃坪羌寨参观，最好是找个当地人带路哟！

另外，寨子的地下掘有很多引水暗渠。暗渠上面盖着石板和泥土，在石板与泥土之间留有活动的石板，揭开石板即可取水，就像古井一样。千家万户的"古井"相互接连在一起，整个寨子的人同饮一井水，这也是桃坪羌寨的一大奇特

羌绣

羌绣是桃坪羌寨姑娘们的拿手绝活。羌族姑娘个个都喜欢刺绣,这种延续了多年的爱好,逐渐形成了羌族姑娘的一门传统手工技艺。姑娘们到了出嫁的年纪,便会竭尽所能地为自己绣嫁衣、云鞋和鞋垫!羌绣精美绝伦,历经多年历史,一直传承至今,如今已成为许多专家学者的研究对象和收藏品。

之处呢!

如果说熊猫是动物界的"活化石",水杉是植物界的"活化石",那么桃坪羌寨绝对称得上是建筑文化艺术中的"活化石"了!

美丽峡谷中的
德夯苗寨

你去过湘西风景区吗？那里不仅民风淳朴，景色迷人，而且还镶有一颗璀璨的"明珠"——德夯苗寨。在苗语中，"德夯"的意思是"美丽的大峡谷"。德夯古寨就藏身在这个自成一体的大峡谷内。

　　很久很久以前，寨子里的人都住在山顶上。后来，随着人口的增加和畜牧业的迅速发展，山顶的空间越来越小，村民们只得将牛羊赶到谷底喂养。谷底草源丰富，被放到这里的牛羊们都不愿意再回到山顶上去。为了防止牛羊受到野兽的攻击和伤害，村民们只好留在谷底看守。慢慢地，他们发现谷底更适宜人类居住，便纷纷转移到了山下，德夯苗寨就这样逐渐形成了。

德夯苗寨的魅力可不小，来这里游玩的人们大多流连忘返！那么，它究竟有哪些吸引人的地方呢？

德夯苗寨处于峡谷的最深处，里面住着约八十多户村民。走进寨子，一副醒目的对联会突兀地出现在你眼前：酸鱼酸肉包谷米酒醉倒八方嘉宾，腊梅瀑布筒车水碾迎来四海贵客。爱吃的人来到德夯苗寨可有口福了，好客的村民会拿出各种各样的美食招待游人，有酸茄子、酸辣子、酸黄瓜、酸鱼、酸肉等。

寨子里有一幢幢古朴的灰瓦石木屋，木屋间清一色全是光滑的石板路，水流上还架有一座座精巧的石拱桥。古老的石碾和筒车在水力的带动下，一年四季不知疲倦地旋转着，

发出"咕咕噜噜"或"咿咿
呀呀"的声响。若是在夏季来德
夯苗寨,还能看见一些孩童在水中边
洗脚边唱苗家民歌呢!这种意境是不是很
像桃花源呢?

　　置身寨子中,四面八方
都是景点。不仅有千姿百

态的"相依岩""驷马峰""孔雀开屏"，还有那五彩缤纷的"彩云壁"和"画屏峰"……各种美丽的景色，令人目不暇接。

德夯苗寨最让人沉迷的就是它独特的风土人情。寨子里的男女老少都富有艺术细胞，个个都会打鼓、跳鼓舞。

在德夯苗寨一直流传着这样一个传说。某一天，一群无恶不作的恶魔闯进了德夯苗寨。为了保卫自己的家园，村民们拿起武器奋力反抗。在勇士亚雄的

带领下，经过七天七夜的奋战，终于将恶魔们全部杀死。当晚，寨子里的人用恶魔们的皮做成大鼓，并点燃篝火，载歌载舞地庆祝胜利。从此，大鼓就成了苗家人的乐器，跳鼓舞也成了苗族的一种习俗。

如果你有幸赶上德夯苗寨的节日，就能看到美丽的苗寨姑娘们穿着漂亮的衣服，戴着闪亮的银饰，伴随着古老的苗歌，挥动手中的鼓槌，跳起欢快的苗鼓舞了！相信你一定会被她们的美丽和热情所深深地吸引！

凤凰山上凤凰寨

　　接下来要介绍的寨子，是位于四川省达州市宣汉县凤林乡境内的凤凰寨，它立于美丽的凤凰山上。

　　传说在很久以前，有一对美丽的凤凰生活在一座名叫奇山的山上。它们过着幸福的生活，也保佑着

奇山下的百姓们生活得非常幸福美满。但是，这种祥和的生活却没能维持多久。有一天，一个猎人进入了山中。他发现了凤凰，并把他们当作一般的兽类给射杀了。自此，奇山开始暴雨不停，雨水将山冲垮了一层。这下山下的百姓可遭了殃，死的死，伤的伤。于是，人们想起那对凤凰活着时带给人们的幸福生活，为了感谢它们，便把这座山改名为凤凰山，又把依山而建的寨子命名为"凤凰寨"。

凤凰寨地处偏远地区，它地势险要，四面都是悬崖绝壁，外形看上去就像是一只展翅欲飞的凤凰。

据当地人介绍，凤凰寨虽小，却设施齐全，单是寨门就有7扇。这7扇门都是用条形石块筑的，十分坚固，具有很强的防御作用，曾帮助寨子里的人们抵御了外来敌人无数次的侵略，是不折不扣的"大功臣"呢！

　　寨子中有一条河，河的四周全是灰色的屋瓦，白色的墙，古风韵味十足。寨子里卖的东西可不少，有很多还是这里独有的，在外面想买也买

不到的哦，吃的东西更是品种繁多。除
了当地人，很多少数民族也在这里做
生意。

　　据说，凤凰寨曾经在 "万源保卫战" 时是红军的指挥
　　所，随处可见的炮台、掩体、战壕等设施可以看出
　　此地的奇、险、陡，是易守难攻的理想战地。
　　　如今，凤凰寨已成为了著名的现代园林，并

深受游客的欢迎，前往凤凰寨参观的游人逐渐增多。在弘扬中国古典文化的同时，凤凰寨还给了游客一份回归自然的感触。那是一种什么样的感受呢？你想不想马上去感受一番呢？

出神秘猎人的岜沙苗寨

　　你看过著名作家丹尼尔·笛福写的《鲁滨孙漂流记》吧！那个过着原始生活的人，在我们当今的时代还存在吗？

　　事实上，在贵州从江县内月亮山麓的茫茫林海中就有一个纯天然的原始部落，那里的人生活在奇特的寨子——岜沙

苗寨中。岜沙苗寨的四周都是茂密的森林，这无形中给寨子穿上了一层"隐形衣"，所以，千百年来极少有外人进入山寨，更少有人知道有这样一支部落存在。寨子的面积并不大，建于山梁坳口及面向都柳江一侧的半坡上。下面，让我们一起走进这个神奇的寨子，看看当地的建筑吧！

部落里的村民们都居住在干栏式吊脚楼内，这种建筑极具特

色，都是用纯天然的木头构建而成。吊脚楼分为上、下两层，比较怪异的是，它的楼梯设在户外，给人上、下两层分住着两家人的印象。吊脚楼的窗户比较小，横梁构造比较简单，建筑技艺比江西苗寨落后很多。

多数吊脚楼的顶都盖有瓦块，还有少数盖着杉树皮，这不仅仅是为了防止雨水打湿房顶，更重要的是能够防止虫蚁的破坏！

每到丰收的季节，岜沙苗寨的村民把收割来的谷穗经过捆扎后，挂在禾晾架上，金灿灿的一大片，成为一道抢眼的风景线。

岜沙苗寨保持了原始生活的模样，村民与大自然融为一体，主要从事水稻种植和狩猎。村民们一反现代人的装扮，寨子里的男子们都梳着发髻，发髻盘在头顶，而四周的头发则全部剃光。更出乎人意料的是，这里的理发匠是用割草的大镰刀为人剃头的。在穿着上，他们穿着由自家的织布机织出来的布缝制成的深色青布衣，这样打扮一番，村民倒是很像古时候在田间耕作的庄稼汉子呢！

岜沙苗寨的节日

岜沙苗寨的节日有吃新节。这个节日在农历七月十三或十四日，节日当天，家家户户到田里摘取谷穗，去壳成米，煮成稀粥或干饭，与鱼、鸭等祭品一起供奉祖先，然后全家进餐。此外，他们还有芦笙节、鬼节等节目。

岜沙苗寨古朴的木楼、幽静的风景、独具特色的风土人情正等着你去游览与感受呢！快快行动起来吧！

猎狗"带来"的芋头侗寨

　　侗族是中国的少数民族之一，分布在贵州、湖南、广西的交界处。侗族人多才多艺，像侗族刺绣、侗族大歌、侗族舞蹈都为世人熟知。而侗族最具特色的还要属他们的居处——侗寨。

　　侗寨中最具代表性的便是芋头侗寨，它每年吸

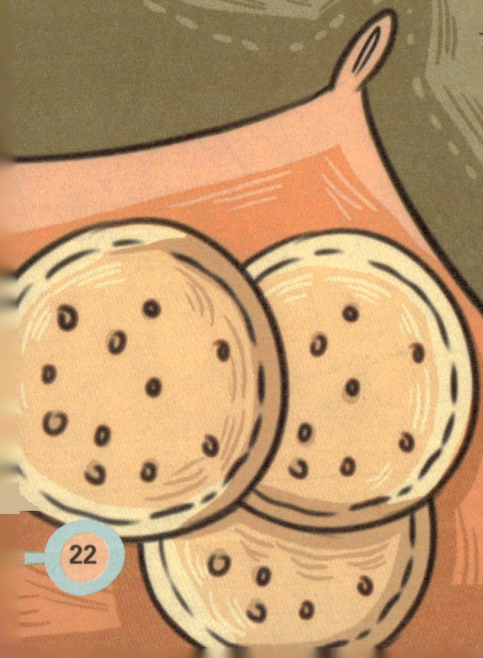

引来的游人不计其数。在介绍这
个寨子之前，我要先给你讲一段关于它的
传说。

相传，在明朝时期，一个侗族的小伙子带着自己的猎狗
四处游走。一天，他带着猎狗经过芋头界一带的山上，令人
诧异的是，猎狗居然趴在地上不走了，就像是被泥土黏住了
肚皮似的。小伙子很无
奈，于是他跟猎狗说：

"我把食物向空中抛3次，如果你能接住，那么我们就留这儿，把家也安在这儿。"猎狗一听，眼睛立马放光，它每一次都接住了小伙子抛出的食物。小伙子信守诺言，他在芋头山砍树搭棚，居住了下来。

十多年过去了，小伙子一直一个人生活在这里。直到有一天，一位姑娘逃难躲进了芋头山里。这位姑娘能歌善舞，据说侗族的芦笙表演技艺就是由她传下来的。姑娘来到后不久，便与小伙子结为了夫妻。婚后，两人的日子过得十分美满，他们生儿育女，繁衍后代。后来，他们居住的芋头山便慢慢发展成了如今的芋头侗寨。

下面，我们就一起走进"无寨不鼓楼"的芋头侗寨吧！

进入芋头侗寨，你脚下踩着的叫作青石板，这些青石板铺就的道路可是几百年前的古驿道呢！这条古驿道长达1.6千米。据说，太平天国运动的将领石达开，以及

1934年在通道转兵的一部分工农红军都在这条古驿道上走过呢！经过驿道时，眼前就好像有策马而过的身影一般，耳边仿佛还有马蹄声响起呢！这算是芋头侗寨的一大奇特之处。

芋头侗寨最吸引人目光的当属它的特色建筑——鼓楼。鼓楼是家族议事、集会、娱乐的地方。芋头侗寨内一共有4座鼓楼，拥有鼓楼可是大姓家族独有的特征呢！鼓楼建造得一般都非常简朴，大多都立于田中。在芋头侗寨内只有龙氏鼓楼昂然立于山顶的最高处，仿佛真龙天子一般俯瞰着眼下的万物生灵。这些鼓楼一共有九层，下五层为四

角，上四层为八角，看上去像宝塔一般。鼓楼内雕栏画栋，有龙凤花鸟图案，金光闪亮，使人有置身于瑶池仙境的错觉。

在这些鼓楼中，最奇险的要数牙上鼓楼了。为什么这么说呢？因为它一半建在山坡上，一半悬于山坡下，看上去晃晃悠悠的。整个牙上鼓楼仅仅由17根梨木柱子支撑着。也许你会觉得这个建筑很脆弱，事实上，这座"危楼"已经屹立210多年了，如今它仍旧安然无

恙，让人不得不感慨侗族人高超的建筑技艺。

随着侗族人越来越多，人们把房子建造到了山上，这些房子被称为"三进堂"，当地人叫它"牙上寨"。当清晨第一缕阳光从山那边升起，正好照在牙上寨，牙上寨的房子层层叠叠往上走，看上去就像布达拉宫一般。

鲜为人知的那岩古木寨

你们都听说过埃及金字塔吧！事实上，在中国也有类似金字塔的建筑呢！侧面看那岩古木寨村民们居住的房屋，就似气派的金字塔一般，唯一的区别之处便是少了一个尖尖的顶。

那岩古木寨位于广西西林县马蚌乡的西北部，是一个美丽的壮族山寨，现有120多户人家居住在那里。那岩古木寨至今已有1000多年的历史了！寨子中的点点滴滴，原本是鲜为人知的。

然而在2003年，一段由电视台拍摄的那岩古木寨风景短片播出后，人们顿时被它的建筑以及风土人情深深地吸引了。时至今日，它已经成了摄影家和作家采风的胜地，每年慕名而来游览和考

察的人络绎不绝。接下来，我们就一起踏进那岩古木寨吧！

据寨子里的老人们说，他们的老祖宗可是古老的"句町国"头领"承"的后裔，通过打听可知道，寨子中的人都是以"岑"和"吴"为姓的。并且，当地的居民都是织土布、穿土布、讲土语的，他们的许多习俗都与"句町国"有着紧密的关系。

纵观那岩古木寨，大家会发现这样一个特点，那就是它的房屋布局都是"户户相连，家家相通"的。你是不是觉得这样的布局很奇怪呀？不过它可是有很强的军事防御功能呢！在古代，若是有敌人来犯，寨子的居民能够轻而易举地进行抵抗，使自己的家园和族人免于受到伤害。如此看来，它可算是一个坚不可摧的堡垒呢！

目前，寨子内共有109幢干栏式木楼，每年过节的时候都相当热闹。观察那岩古干栏，会发现它的外形非常有趣，就好像是一个多层的大蛋糕一般，并且自下而上逐渐变大；同时它又好像是一个穿着层层蓑衣的老者，瞧，他仿佛在对着我们招手，示意我们到他的"蓑衣"下避避雨呢！

寨子的楼内又另有一番景观。环视四周，那由青山、溪流、木

楼、竹林、梯田、古树组成的壮家田园风景尽收眼底。进到楼内客厅，你的眼前会一下子豁然开朗，客厅是由木架构成的，曾经有100多个人聚集在内，也没有显得拥挤。

寨子内还有一个地方也是不得不提的，那就是它的长廊。寨子内的长廊非常有特点，它们会给人"条条大路通罗马"的感觉，最长的可达到四五十米呢！如果你想连续游览，那可是可以连着走上20多家呢！

仔细打量，你会注意到，虽然历经了那么多年的岁月打磨，可那岩古木寨却很少有破损的地方，你知道这是为什么吗？

原来，建筑那岩古木寨的干栏都是松树树木。它们已经上百岁了，并且还可以保存更久呢！

怎么样，你是否想亲眼见识一下那岩古木寨呢？

想吃美味菜肴，
就来南溪古寨

　　美味佳肴人人爱，接下来，我就向你推荐一个品尝美食的好去处，它便是位于安徽省东至县花园里乡的南溪古寨，想知道它都有什么好吃的吗？跟我一起来吧！

　　南溪古寨的美食数不胜数，比如瑶池鱼头、

仙寓笋、仙寓蘑菇、仙寓人家老鸡汤，这几道菜可是只有"神仙"才能尝到呢！此外，它还有农家味十足的菜肴，比如多味排骨、干菜烧肉、红烧小河鱼、乡村红烧肉、山里人自酿的米酒等等。尝上一口，你会有一种宾至如归的感觉，而且价格实惠。

南溪古寨有如此之多的美味，你是不是恨不得长对翅膀立马飞过去呢？

说完了美食的诱惑，下面再来说说寨子内景观的特色吧！南溪古寨的景观也是很值得一看的。

南溪古寨完好地保存了村落的原始状态。古代人安家落户都讲究风水之说，咱们的南溪古寨也是极有讲究的！它

深藏在山中，地势险峻，寨子布局呈"九龙戏珠"和"金线吊宝葫"状，若是从整体上看，在它身上还能找到"八卦阵图"的影子呢！

另外，南溪古寨的村前、村中、村后的景观是各不相同的！

寨子的村前长着一棵巨大的樟树，它枝繁叶茂，遮天蔽日，将寨子口密密实实地掩盖了起来。树下有座历史悠久的古桥，桥下清泉可见底。进入寨子，首先映入眼帘的是两座名为"贞洁牌坊"的石刻。它们虽然在很久以前就遭到了摧毁，但是

仍然保留着青石残块，耸立在道旁。这两座石刻算是寨子的一道极具特色的风景线！

沿着小道进到村中，见到最多的便是房屋。这些房屋的建造偏向徽州古民居的风格，也就是人们常说的"四周马头墙"。寨子里有一幢碉楼，它与其他房屋有很明显的不同。这幢碉楼建于元代，墙身厚实，门窗窄小，它些许地保留着匈奴民族的烙印。到了今天，碉楼已经废弃不用。

村后的景观也很丰富。首先，你会被一只巨型狮子吸引住，但你可不要被吓着哟，其实啊，那只是一座形状十分像狮子的山，它就是石狮山。

山下还有座过天桥，再往后走，就是慈云寺了，它可是一座千年古寺呢！直至今日，香火依旧旺盛。

山脚下是一条徽州古道，在小道的旁边有

座山谷，当地人叫它"情人谷"。情人谷旧称"桃花湾"，顾名思义，每年春暖花开之时，满山遍野都会开满桃花，就好像晚霞一般绚丽。

有好吃的，又有美景可以观赏，南溪古寨真是一个好地方呢！

寨古依布龙南

胸中有八阵，腹内藏甲兵

"绵绵群山叠彩霞，青青翠竹根连根，木楼排排炊烟绕，古榕树下传笑声。"这是一首描写南龙布依古寨的歌曲，透过歌词，我们可以感受到作词人对南龙古寨那种发自内心的喜爱。那一幅幅美好的画面浮现在脑海中，让人

产生了一种想要亲眼看看南
龙布依古寨的冲动。

南龙布依古寨位于贵州省，具体位置在黔
西南布依族苗族自治州的巴结镇万峰湖旁边。它依山傍
水，鸟语花香，景色优美。四周环绕有茂密的树木，放
眼望去，一片绿油油的。置身其中，感受清新的空气，
那真是莫大的享受呢！

相传，在明朝的洪武年间，为了加强对西南地区
的管理，朱元璋下令让大量北方人口迁移至贵州。同
时，他还在贵州设立了政府——南龙府，该地便是现
在的南龙古寨了。建立不久之后，南龙府又迁到了安
龙，不过南龙布依古寨却保存了下来。

寨子内的建筑都是古色古香的瓦屋及吊脚楼，非常
古老，与喧闹的都市形成了鲜明的对比，这里真称得上是
世外桃源呢！南龙布依古寨在建造设计上，可不是毫无依
据随便乱造的哦！这里民宅都是按照古代八卦阵的阵法修

建而成的。来到寨子，
要是没有当地人引路的话，
你是会迷路的哟！

　　另外，寨子里还保存着古代独有
的点将台、演兵场，你一定想不到吧，在这样
一个深山古寨里曾经还有重兵驻扎过。

　　时至今日，南龙布依古寨依旧保持"你挑水来我织
布"的生活习俗。在寨子里，无论是大人还是小孩，他们身

一树一景的榕树

南龙布依古寨一共有360多棵榕树,许多榕树的背后都有着动人的传说故事。古榕树构成了古寨一道靓丽的风景线,它们可以独树成林。另外,许多榕树的根都跨越小溪,形成了一座小桥,这些独特的"桥"下面还有潺潺的流水呢!

上穿的衣服,都是那里的妇女们自织、自染、自缝的。怎么样,你是不是觉得很难想象啊?不仅如此,村民们使用的器具也都是石头做的呢!

怎么样,南龙布依古寨是不是非常具有魅力呀!

娜允古镇：
最后一个傣族古寨

你看过孔雀舞吗？顾名思义，人们跳孔雀舞看起来就好似一只只栩栩如生的孔雀在嬉戏一般。在云南省的娜允古镇，可是可以看到最原生态的傣族舞的哦，而这个古镇也是我国最后一个傣族古寨了！

娜允古镇位于云南省孟连傣族拉祜族佤族自治县，这里形成了傣汉两个民族的不同风格合璧的建筑群。娜允古镇距今已有700多年的历史了。它由三城两寨组成，三城为上城、中城、下城，两寨分别为芒方岗、芒方冒。

那么，这三城两寨到底有哪些吸引人的地方呢？

在上城，现在主要有两所建筑，分别是"上城佛寺"和"孟连宣抚司署"，它们曾经是土司及其家奴居住的地方。

上城佛寺靠近金山，但你可不要将它与你心中白娘子水淹的金山寺联系起来哟！事实上，它是土司家族们专用的佛寺。上城佛寺占地面积很广，与我们平时见到的佛寺大致相

同，寺内有佛殿、僧房、走廊及两座佛塔，处处透露着佛家的庄严肃穆。

　　孟连宣抚司署在清代时遭到过焚毁，如今见到的建筑群是重建的。整个建筑群花样繁多，有门堂、议事厅、正厅、东厢房、西厢房、粮仓、厨房等。原本还设有监狱和奴仆住房，不过它们在多年前自然毁坏。

中城的景观很富有生活气息，这里除了中城佛寺外，大多都是土司和其他官员的住宅。这些住宅已经有上百年的历史了。它们不仅反映了近现代傣族民居的特点，同时还是傣族封建领主制等级森严的重要物证哦！

下城也有一座佛寺，它也是后来重建的。原本的佛寺在20世纪60年代被火灾吞噬了，直到2007年才开始重建，2010年竣工。另外，它还有一些议事庭长和几位官员的住宅。

芒方岗、芒方冒两个寨子位于上城附近。早年，它是专供土司撵山打猎用的。现如今，市面上精美绝伦的傣锦和傣包大多是由这两个寨子的农户们纺织出来的，常常有很多外地的商人找它们订货。

娜允古镇除了特色的傣式建筑外，其文化也颇受人们喜爱呢！若是去了当地，你一定会被那里奇妙的人文与自然景观折服的！

来楼上古寨体验吧

楼上古寨位于贵州省铜仁地区西部，这里历史悠久，人杰地灵，有着丰厚的文化底蕴，被誉为"佛顶山中罕见的明清古村落"。

时至今日，这里依然还保存着哭丧、哭嫁、吹唢呐、民间刺绣等古老的习俗。

楼上古寨聚族而居，以血缘关系为纽带而组成一个宗族大家庭。这里的人完全生活在宗族的管理之中，宗祠是他们决议的地方，具有神圣不可侵犯的地位。直至今日，上楼古寨的周氏宗祠还保存完好。

　　和它位置相同的还有"小屯寺"，它的建造年代因为太久以至于人们都不记得了。此外，还有一处比较阴森的地方，它就是周氏墓群。寨内古墓相依相靠，墓冢文化十分深厚。

　　为什么叫楼上呢？在这里还有一个故事呢！楼上原叫"寨纪"。

在明朝弘治六年，一个叫周伯泉的人因避难逃到了寨纪。来到这里后，周伯泉见当地非常适宜居住，便用170两银子买了些田地，在此居住下来。后来，他的子孙繁衍生息，到第五代周易时，因为他胸有文墨，爱好雅致，所以在水沟边修了一座小楼，取名为"听水楼"。

一日，一位路人经过听水楼，因为口渴，便在楼下大喊："请问有人吗？"由于水声太大，周易没有听见，而后路人再喊，周易答道："怎么没有人？我在楼上呢！"于是，路人高高兴兴地上了楼。

自此"我在楼上"被传为佳话，而"寨纪"一名却渐渐被人遗忘了。

　　那么，楼上古寨有哪些特色呢？

　　楼上古寨的分布是很讲究风水的。你观察过北斗七星吗？知道它长什么样子吗？要是没见过它的话，就可以从高处俯视楼上古寨一下，它的分布就是北斗七星状。楼上古寨以"北斗七星"树为中心，以它们中的"天枢""摇

光""天权""天玑"形成四个系象限，把村寨划分为四个分区，也就是东南方向的生产区，西南方向的居住区，西北方向的娱乐区，最后是东北方向的墓葬区。每一个区域的功能都划分明确，让人不得不惊叹古人的智慧。

寨子内居住区的分布也极为讲究呢！它的道路呈一个"斗"字状，长有2000余米呢。"斗"字起于马桑木老宅三合院，至古寨的水源——天福井处结束。

上楼古寨的建筑有很多，一些独特的

建筑更是我要介绍给你的。它们不单单有自己独特的建筑特色，更重要的是蕴含了极丰富的历史文化呢！怎么样，是不是想见识一下了？

寨子内古建筑群随处可见，它们大多是明清时期建造的。它们坐北朝南，有常见的四合院和三合院。四合院有三间正房，两边各设有一个厢房。三合院里有正房三间，两边各配有干栏式厢房两间。有些民居堂上有匾，门旁还有对联。这些联匾可都是有来历的哦！它们大多与主人的身世、家族的背景及撰写人的祝愿相关，有着深远的意境和丰富的内涵。

绿林军出没的绿林寨

　　你知道绿林军是些什么人吗？他们可是劫富济贫、开仓放粮，经常帮助贫苦人的大英雄哟！

　　绿林寨被誉为神州第一古兵寨，已经有2000多年的历史了。它是当年王匡、王凤领导的绿林起义策源地，也是汉光武帝刘秀的发迹之地。历史人文

底蕴深厚，自然风光秀丽无比。

　　绿林寨位于湖北京山绿林镇，它占地面积非常广，据统计，大约有120平方千米。鼎盛时期，曾有5万多人在此居住！

　　了解了这么多，你是不是已经非常好奇绿林寨到底长什么样以及它有什么好玩的地方呢？带着这些疑问，我们一起去山间寻找答案吧！

　　绿林寨分为南北两个寨，南寨和北寨各有各的特色，下面我们就先来见识见识北寨的风光吧。

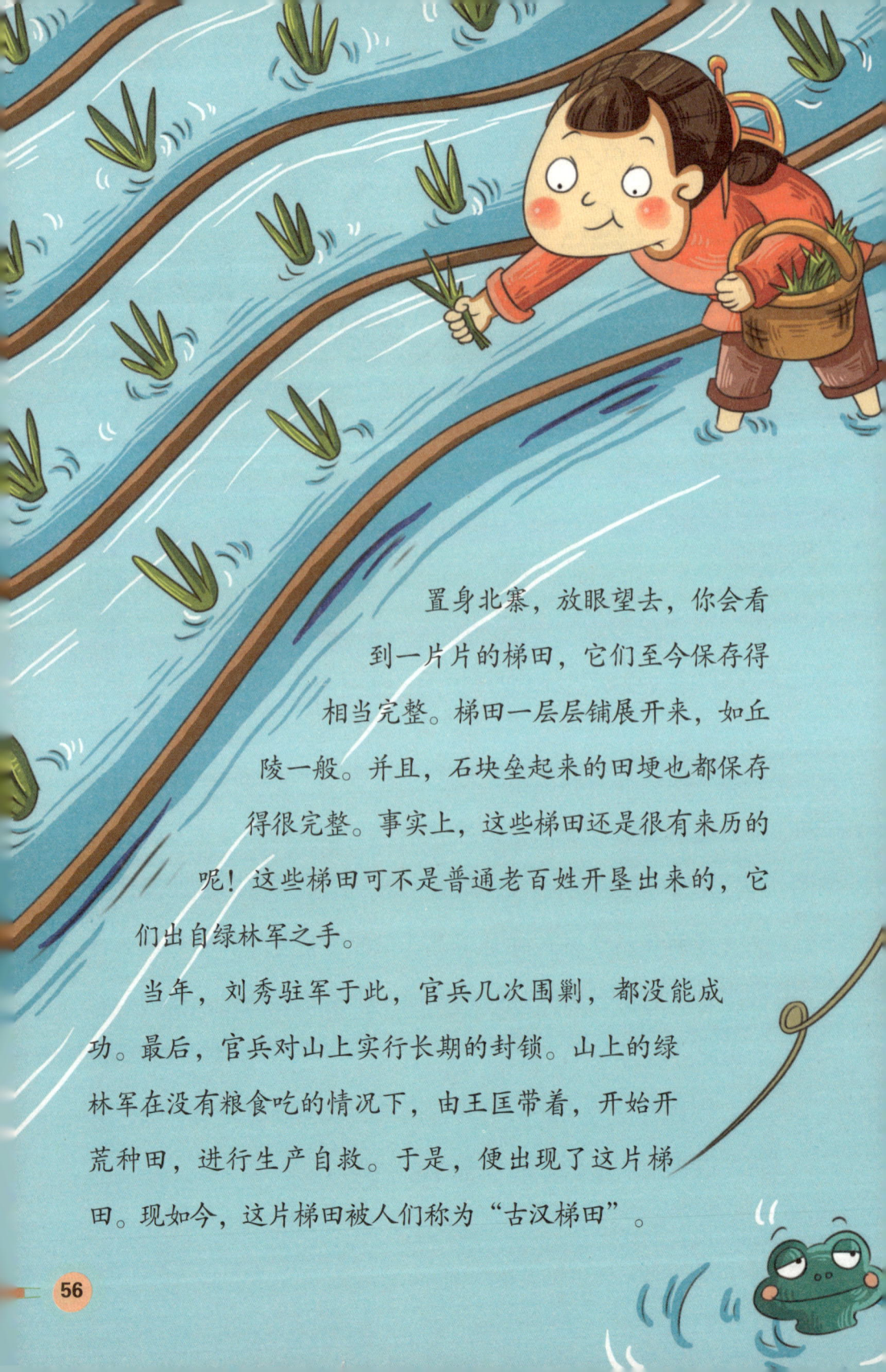

置身北寨，放眼望去，你会看到一片片的梯田，它们至今保存得相当完整。梯田一层层铺展开来，如丘陵一般。并且，石块垒起来的田埂也都保存得很完整。事实上，这些梯田还是很有来历的呢！这些梯田可不是普通老百姓开垦出来的，它们出自绿林军之手。

当年，刘秀驻军于此，官兵几次围剿，都没能成功。最后，官兵对山上实行长期的封锁。山上的绿林军在没有粮食吃的情况下，由王匡带着，开始开荒种田，进行生产自救。于是，便出现了这片梯田。现如今，这片梯田被人们称为"古汉梯田"。

沿着古汉梯田继续往上，出现眼前的是两个水池，它们一个叫日池，一个叫月池。这两个池子的水虽然不深，但是清可见底。过去的绿林军，就是靠它们才有水可喝的。

　　相传，这里原本只是一片大水塘。有一天，王匡来到池边洗手，突然看见水中倒映出了太阳和月亮。见到此种情形，王匡深感神奇。他命令军士们在水塘处开挖水池，水池挖成后，他将其命名为"日池"。之后，他又请军师根据《易经》内的方位推算了一个位置，命人在那个位置上挖出了另一个水池，称为"月池"。

这两个池子即使是在干旱的时节也不会枯竭呢！而在连续多日下倾盆大雨之后，池子内的水也不会溢出来，这是不是很神奇呀？

　　从北寨至南寨，沿途均是宽阔的公路，公路两边绵延排列着古寨墙，很是气派呢！

　　南寨主要是绿林军排兵布阵、操练的地方。当地的居民为了再现2000多年前绿林起义的壮举，他们

特地打造了独具特色的"五大营，五大场"的盛大表演节目，瞧！那设计精巧的投石机、栩栩如生的弓箭手、奋勇向前的铁骑军……无一不让人睁大眼睛。

如果站在寨中，闭着眼睛侧耳倾听，似乎还能听到千军万马走过的声音呢！那金戈铁马的岁月描绘出的壮阔画卷正等着你前去观赏呢！

英雄辈出的瓦岗寨

　　隋朝发展到第二代，帝位由隋炀帝继承。然而隋炀帝可不是个好皇帝，他骄奢淫逸，荒废朝政，弄得百姓苦不堪言。于是，各地农民纷纷揭竿而起，其中规模最大的就是瓦岗寨农民大起义。很多我们耳熟能详的大英雄，都与瓦岗寨有着或多或少的关系，比如秦叔宝、李元霸、程咬金……接下来，我就带

你走进瓦岗寨。

瓦岗寨，位于河南省安阳市滑县最南部，是隋末农民起义军——瓦岗军的根据地，现名"瓦岗寨乡"。

翻看史料可知，在隋朝时期，由于瓦岗紧邻黄河，黄河的多次泛滥使瓦岗形成了起伏的沙丘。同时，瓦岗的北面是黄河的白马渡口，南面与通济渠相对。如此一个瓦岗，堪称军事战略要地。当时的农民起义军为了自卫和聚集力量，便在瓦岗筑了一个方圆二十余千米的"土围子"，称作瓦岗

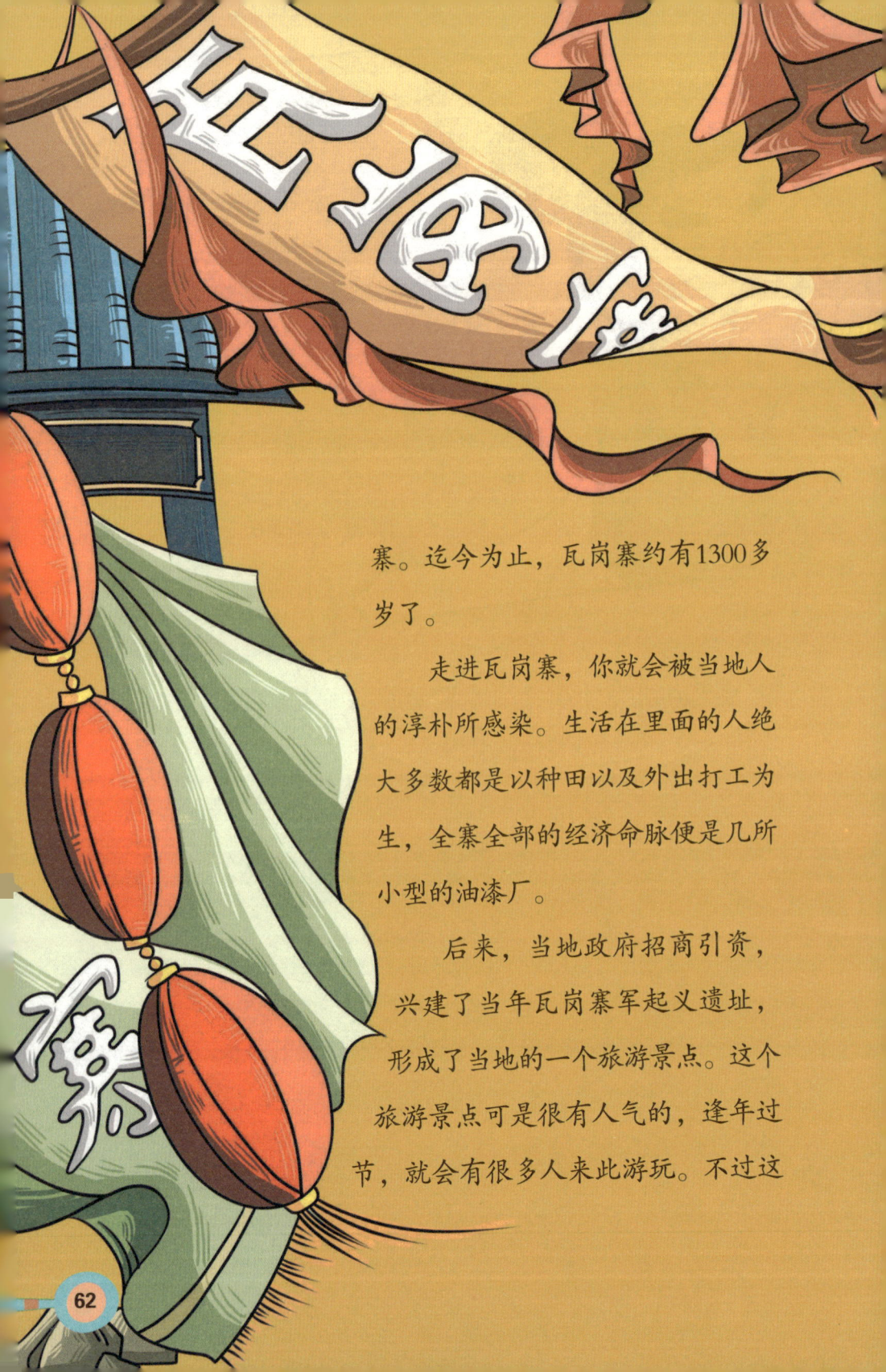

寨。迄今为止，瓦岗寨约有1300多岁了。

走进瓦岗寨，你就会被当地人的淳朴所感染。生活在里面的人绝大多数都是以种田以及外出打工为生，全寨全部的经济命脉便是几所小型的油漆厂。

后来，当地政府招商引资，兴建了当年瓦岗寨军起义遗址，形成了当地的一个旅游景点。这个旅游景点可是很有人气的，逢年过节，就会有很多人来此游玩。不过这

混世魔王程咬金

程咬金，汉族，济州东阿斑鸠店人（今属山东省东平县），唐朝开国名将，被封为"卢国公"，位列"凌烟阁二十四功臣"。在历代小说演义中有很多描写程咬金的故事，他以"三板斧"的形象在民间广为流传。

些人大多来自十里八村，瓦岗寨军起义遗址的名声还没有传开。

2008年后，当地政府依靠媒体、广告等途径，对瓦岗寨进行了推广，它"威行万里，声震八方"的名声招来了不少全国各地的游人。热爱隋唐历史的人，无一不想去瓦岗寨，领略一下当年起义军们的壮举。

经常打仗的卧牛山寨

　　接下来我带你认识一下"华夏第一大山寨"——卧牛山寨。卧牛山寨位于卧牛山上，而卧牛山的得名源于它的外形像一头伏在山上的牛。瞧，它有着牛的头，牛的身子，牛的尾巴，还真似

一头活生生的牛呢!

我们大家都知道,三国时期战火连绵,而卧牛山寨恰好诞生于这个战乱的年代。现如今,它是湖北省重点文物保护单位。

卧牛山寨地处荆山山脉余脉九里岗终端的卧牛山上,位置是古代北上襄阳、南下荆州的唯一便捷的陆路通道,因此它可是古代的战略要地呢!

卧牛山寨的寨墙全部都是由石头垒砌的。它高5米，宽3米，足有6千米长呢，设有东、西、南、北门四个重要关口。

　　城墙内设有石屋，根据当地村民介绍，石屋是当时卫兵把守的岗亭。这样的石屋每隔20米就有一间。

　　寨子内还有很多遗址，比如团

山寺、点将台。团山寺左边有4000多平方米的演练场，大约可以容下3000步兵操练；右边是一个直径达80多米的圆形阅马场。点将台位于团山寺寺门中央的高地上，上面置有一个直径一尺的旗杆座。

到目前为止，卧牛山寨还没有完全被开发，但是其观赏和考古科研价值是值得肯定的！

人间仙境西双版纳的
爱尼古寨

　　我们大家都知道，西双版纳是一个景色优美的地方。这个美丽的地方有多处景区，而如果你想去原始森林般的古寨探索的话，那么就只能到神秘的爱尼古寨去了！

　　沿着山路拾阶而上，身边流淌着淙淙的山泉，那哗哗的声响，使我们被城市禁锢太久的灵魂得到了净化。

　　爱尼人称呼男子为"阿力"，女子为"阿布"。走进寨子，你也会入乡随俗地被冠上"阿布"或"阿力"的称呼呢！

　　在寨子内，我们可以看到最原始、最古老的纺织作坊，也能看到世代居住在这里的原始部族。神秘的爱尼山寨展示的不仅有我们中国少数民族的风情，还有来自缅甸、老挝等国的异国风情呢！

爱尼古寨的特色在于它聚集了很多有"特异功能"的人类，下面我就带你一一认识一下吧！

　　最先要介绍的是生活在树上的"鸟人"，他们可能是你最先看到的人，因为他们总是好客地最先迎上游人。这些人之所以被称为是"鸟人"，是因为他们喜欢把家安在树上。

如果想要向他们问好，只需把几个手指头放在嘴上发出"呜呜"的声音，他们就会很快地也如此回礼。几乎是同一时间，身穿兽皮的"鸟人"们就会端着盛满颜料的盒子出现在你面前，然后笑眯眯地在你脸上涂画颜料，这代表的是吉祥，也是他们特别的祝福方式呢！仔细闻闻看，这种颜料还散发着浓郁的清香呢！

　　你们大概都见过长颈鹿吧？但是你们见过"长颈人"吗？在爱尼古寨，生活着被誉为"最古老的民族"且头上戴着项圈的缅甸长颈族人呢！唐朝，人们以胖

为美，而长颈族的女人们，则以颈长为美。

长颈族的女人们，从5岁的时候就要戴上铜项圈，在10至15岁期间，每年还要在颈子上多加一个，一直加到25岁呢！据记录，有人最多戴过25个铜项圈。这些项圈会伴随她们一生，吃饭、睡觉、干活都不能拿下来。除此之外，她们也会在四肢上套上铜圈！她们的整个外形看起来，就像是美艳的凤凰！

长颈族共有500多口人，现在长颈的已经不多了。

　　生活在爱尼古寨的"缅甸克里木人"被公认为是最勇敢的民族。

　　最后要说的是"大耳人"，顾名思义，这是一个长着一对极大耳朵的民族，并且这个民族以有一对大耳朵为美。瞧，那些大耳姑娘们，她们的耳朵上都戴满了饰物，走起路来叮叮当当的，煞是好听。

　　当然啦，爱尼古寨的"奇人"远远不止这些，还有黑

牙人、哈尼族人以及"姑娘四季把花戴"的布朗族人等等。来到了爱尼古寨，就仿佛置身在了一个奇特的梦幻王国中一样！

那么，你想到这个奇特的王国感受一番吗？

天外飞碟
一样的城寨

　　有这样一件不可思议的事儿：有一座像飞碟一样的古寨在遭受了七级地震后，墙体震裂开了很大的缝隙，然而后来裂缝居然神奇地自行复合了！看到这儿，你一定觉得很诡异吧！它是什么样的神奇建筑呢？难道它真有生命吗？呵呵，事实上，像飞碟一样的古寨是福建土楼。

　　福建土楼，可是东方的一颗耀眼的明珠呢，由于大多都是福建客家人建造的，它又被称为"客家土楼"。福建土楼历史悠久，距今已经有600多年的历史了呢！

整个土楼群共有3000余所建筑，这个建筑群可是很庞大的哦！一座座结构奇特的建筑勾勒出了福建土楼的丰富内涵，它是东方的古城堡，更是当之无愧的建筑奇葩！外国人常常用"世界上独一无二的、神话般的山区建筑模式"来赞誉福建土楼。

如果依据形状给福建土楼分类的话，它可分为：圆楼、方楼、五凤楼等。另外还有变形的凹字型、半圆型与八卦型。其中，最为常见的是圆楼和方楼。它们就像空

心的、不同形状的曲奇

饼干。你现在是不是很好奇呢？下面我们就来见识见识这些历史悠久、奇形怪状的建筑吧！

圆楼，又叫"圆楼土寨"、"福建圆楼"或"客家围屋"等，由名字就可知道它们的含义，它们的形状就是个大圆圈。福建土楼中圆楼占的数量虽然不多，但是面积却是最大的，一层层的有很多房间，最多的可达72间以上呢！楼内的每个房间都是独立的，它们由一圈圈公用的走廊联系在一起，一间挨着一间。

一般情况下，圆楼的最底层是餐厅和厨房，第

二层是仓库，第三层或以上都是住房。

　　方楼是福建土楼中最为普遍的建筑。与圆楼一样，方楼也是一层层的，最高的甚至可达六层呢！方楼的建造是比较简单的。用木头制作房屋的地板及建造栋梁，最后再加上瓦片屋顶，它就建造完成了。

五凤楼又名"大夫第"、"府第式"、"宫殿式"或"笔架楼"。名字虽同，但各个名号所代表的土楼类型还是有些许差异的。这种土楼一般以两厢房、一门楼等细部结构为特点，从外观看，通常为两凹三突，就像是我国古代人放置毛笔的架子一样。五凤楼主要分布于闽西各县与漳州，另外在台湾也能看到它们的身影呢！

　　福建土楼像一艘艘形状不一的飞碟降落在青山绿水之间，以其独特的建筑风格和悠久的历史文化著称于世。

最美"吊脚楼" 就在西江千户苗寨

你去过贵州吗？那可是一个有着丰富旅游资源的地方哦，很多中外游人都将其视为旅游胜地呢！而去贵州，最不该错过的就是西江千户苗寨！

苗族是一个古老的少数民族，它遍布很多国家，比如越南、缅甸、泰国、美国、澳大利亚等，在这些地方都可以看到特色的苗族村寨。而全世界最大的苗族聚居村寨当属西江千户苗寨。西江千户苗寨由十多个依山而建的自然村寨汇聚而成，据说它是保持苗族"原始生态"文化最完整的地方呢，而它更是领略和认识中国苗族历史与发展的重要地带。

走进古寨，你会发现，寨子内的房屋都建在了山上。这一做法，可能会让你感觉奇怪，但这可是有原因的哦！长久以来，当地人口一直保持着很多的数量，然而可开垦的良田有限。所以，人们从来不占用良田来修建房屋。人们发挥自己的聪明才智，想出了依山建造以木质为材料的吊脚楼。

一说到古寨，比较有代表性的建筑形式就包括吊脚楼。但

是，西江苗寨的吊脚楼跟其他地区不同，可以说是独具特色。它们不是那种简单搭建起来的临水建筑，而是建在平地或斜坡上，设计合理，用材讲究，通常为三层，有四榀三间或五榀四间两种结构。

吊脚楼每一层作用都不尽相同，底层就相当于是一个地下仓库，它主要是用于存放一些工具，有些人家也用它关养家禽与牲畜，或者用作厕所。往上的第二层就比较赏心悦目了，它内部宽敞整洁，主要用作客厅、堂屋、卧室和厨房等。值得一提的是，建在堂屋外侧的"美人靠"，它是苗族建筑的一大特色呢。在苗语中，"美人靠"的意思为"阶息"，它主要用于乘凉、刺绣和休息，有些类似于公园内的小凉亭。第三层是作为仓库使用的，一般用于存放谷物、饲料、生活用品等物资。

说完了吊脚楼，下面就再来说说西江千户苗寨的重要建筑之一——风雨桥。

风雨桥是我国南方少数民族地区特有

的建筑形式。这种桥多建在村寨旁边，因为能够方便过往路人避雨而得名。西江曾经有不少风雨桥，多为纯木质结构，因为年代久远，现在已经看不到了。如今的西江有5座风雨桥，都是钢筋水泥建造起来的，更为结实美观。

去贵州，看最美的吊脚楼和风雨桥吧！

果壳里的村寨

你看过《果壳里的村寨》这本影像文字书吗？书的作者深入九寨沟的藏寨，为我们讲述了那里鲜为人知的生活。接下来我要讲给你听的，就是九寨沟。九寨沟以有九个藏族村寨而得名，享有"童话世界"的美誉，那么这个童话世界是什么样子呢？

九寨沟名字的由来和一则神话有关呢！

古时候有一位山神，他主管草木万物。它有9个女

儿，她们个个都美丽、善良、勤劳、聪慧。然而，山神觉得女儿成不了大器，又担心女儿们出嫁后，自己会孤独度日，于是，他便在水晶般的大岩石中建造出景色秀美的阁楼庭院，将女儿们锁在其中，不让她们与外界接触。

9个姑娘能够感受到父亲的疼爱，但是她们又对外面的世界充满了憧憬，她们左右为难。后来，由大姐变成小蜜蜂跟着父亲进出。她附在父亲身上，学会了父亲开山门、关山门的方法。一天，趁着父亲外出，她带领众姐妹化为彩蝶向空中飞去。

飞到十二山峰上空时，她们看到地面一片狼藉，生灵涂炭。细察后发现，原本清澈的河水受到污染，很多村民饮用后都不断生病，相继死去了。

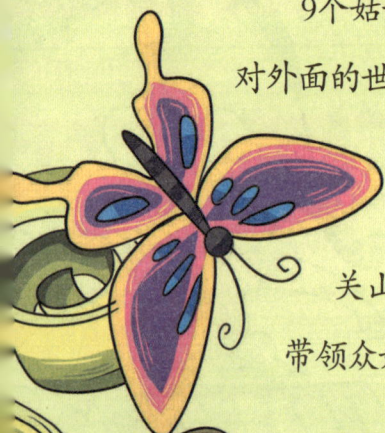

九姐妹查到是当地的妖魔"蛇魔扎"作怪，而且自己的父亲都败给了它。于是，姐妹们求助本领高强的舅舅。姑娘们得到了舅舅的帮助，她们打败了妖魔。并且，最终她们按照舅舅的吩咐将舅舅给的法宝撒向了十二座山峰，刹时，这里变得山青水秀，林木苍翠。

最后，九个姑娘分别嫁给了九个强壮的藏族青年，九对夫妻分别居住在九个村寨里。为了纪念九姐妹，后人便称此地为"九寨沟"。

知道了九寨沟名字的由来，下面我们就一起去看看它的自然景观和感受它的风土人情吧！

九寨沟位于四川省内，具体位置在阿坝藏族羌族自治州九寨沟县境内。九寨沟海拔在2000米以上，四周遍布原始森林。整个景区呈"Y"字形分布，长约6千米，占地面积达600多平方千米呢！

九寨沟以水景最为奇丽，所以自古就有"黄山归来不看山，九寨归来不看水"和"世界水景之王"之称。另外，寨内还以"六绝"驰名中外，它们分别是翠海、叠海、彩林、雪峰、藏情、蓝冰。

寨子内还有很多的民俗呢，其中最为隆重的便是请山神。祭祀的主要"法器"是一根交叉且结实的"Y"字形木杈，人们通宵达旦地跳舞、唱歌，期待着山神保佑。

怎么样，是不是被我说得心动了？哈哈，那就走一趟九寨沟吧！

白云深处的
白云山寨

"远上寒山石径斜，白云深处有人家。"这是著名诗人杜牧所作《山行》中的诗句。房屋建在极高的山上，便会有云雾环绕的景象，于是看着便像是白云产生的地方有人家，白云古寨就是这样一处居落呢！

白云古寨占地面积为3689平方米，建于崇祯七年，距今已经有300多年的历史了！它的外形就像是一个汉堡包，又如一只狮子雄踞于嘉陵江畔白云山的顶峰，远远望去，就好似悬浮在空中一般。

　　那么，白云古寨内都有哪些特色呢？

　　古寨内有一座古庙，它的面积占据了整个寨子的一

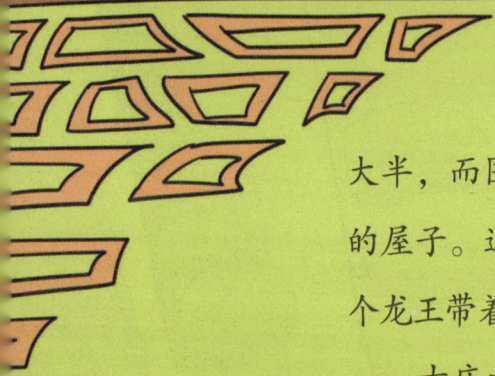

大半，而围在它四周的多是一些几平方米的屋子。这样的组合，怎么看怎么像是一个龙王带着一群虾兵蟹将！

古庙由三个部分组成，分别是正殿、中殿、后殿。

在殿内，供奉着百尊菩萨，它们大大小小被安放在案几上，每尊的面前都燃着油灯，供游人们参拜许愿。

正殿内供奉着古庙内最大的塑像——玉皇大帝，雕刻得栩栩如生，气宇轩昂的。

中殿供奉的是雷神菩萨和送子观音，并且四周有很多传神的壁画，其中令人印象深刻的一幅是一个老人拿着灵芝喂牛，据庙内的和尚讲，老者是个神仙呢！

后殿的正中央为黄金楼，可以说它是整个古庙的制高点。每当天气晴朗的时候，登上楼顶可以望见两江汇合处的朝天门。后殿的两侧为庙内住持的住房，这里主要作为当地群众祭祠拜佛用。

　　白云古寨的房屋和其他古代的小村庄一样，一片一片地汇聚在一起，它们众星拱月般地突出寺庙。

　　怎么样，白云古寨没有让大家失望吧？

传说中"山大王"的据点——山皇寨

　　陶渊明所作《桃花源记》中的场景令人向往：芳草鲜美，落叶缤纷。男耕女织，民风淳朴。然而，陶渊明的桃花源终究是虚构的，而在现实中有"小桃花源"之称的山皇寨却一点也不逊色于它呢！

　　下面就让我们一起见识见识这个"小桃花源"吧！

山皇寨，也叫山皇城，建于宋宣和二年，是旧时瑞安域内10处关隘中保存下来的唯一一处。它位于仙降镇江溪办事处山皇村西太山西面的山脉上。

寨内流传着很多传说呢!

据说，在北宋时期，有一个山大王在山皇寨扎寨，他外号叫钟飞龙，手下共有1000多人。为了养活寨子内的人，钟飞龙便与当时屿头西泰山的东寨和西寨联手，干起了抢劫越货的事。

山皇寨专劫经过大湖岭的贪官污吏、土豪劣绅，西泰山的东、西寨专劫经过小湖岭的大客商。这三个山寨有一个原则，就是他们从不侵犯一般小本生意人和

老百姓，甚至有的时候还把抢劫过来的钱财分给百姓。因此，他们也得到了当地穷苦百姓的支持。

后来，他们又与山脚下一所名为常宁寺的寺庙的大和尚勾结在一起。大和尚是个不修正道、专干坏事儿的恶魔，他常常在别人不知情的情况下，将很多前来烧香拜佛的女信徒抓起来。有一次，一位官家小姐遭了难，县府十分震怒，随后立即上报，调来了许多的官兵，一把火烧了整个寺庙。

又因为大和尚与山皇寨、东寨和西寨有勾结行为，官兵又对三个寨子进行攻击，把他们围了个水泄不通。最终，三个寨子均被攻破了。

如此说来，这山皇寨的山大王也真够倒霉的！

山皇寨是一座

用石头架起来的城堡建筑，东西长，南北窄，呈多边形。它的城墙似长城一般，绵延起伏，有3千米长，整个寨子占地面积有66万多平方米呢。

寨子内有好几个城门，西、南城门相距200米，构造基本相同，都是长方形且用石块垒筑而成。西城门通往山下的上垟村，南城门通往湖岭背。

爬上古城墙，放眼望去，你会看到，眼下的寨子十分开阔，而且布局奇特。这让人很难想象古代人是怎么在山上建起古城的。古代人的智慧真是令人叹服啊！古城西南低，东北渐高，最高点是东北角的城墙。居民屋多数分散在西南线上，而东北面则为一层层的山田。

在山寨内还有许多独立的景点呢！比如仙人岩、棋盘岩、三十六水井等。而西门城外还有一座庙宇，名为陈府

庙，据说，这是为了纪念山寨大王而建立的，但是具体建造于何时，现在已经很难考证了。

现在的山皇寨已经是一个空寨了，它的大部分房屋已经倒塌，空无一人。值得庆幸的是，现在山皇寨有的地方还可以看到高高的城墙呢！

为了再现山皇寨曾经的辉煌，人们对山皇古寨进行了规划保护，制定了《浙江瑞安市山皇古寨旅游风景区详细规划》。规划显示，山皇古寨将会被打造为在全国具有一定影响力的、以古寨为特色的山地休闲观光度假地。

随着山皇寨不断被发掘认识，它的影响也一天天大起来，山皇寨的未来值得期待！

"红色根据地" 英谈古寨

说到红军，你是不是顿时觉得热血沸腾呢？他们打鬼子时的激情，他们长征二万五千里的毅力，他们面对敌人不屈不挠的精神，这些无一不是我们应该学习的优良品德。那么，你知道中国有哪些红色根据地呢？比较知名的红色根据地有湘赣根据地、赣

南根据地、闽西根据地、广东琼崖根据地……有一所古寨也是红军们曾驻足的地方呢！它便是英谈古寨。

英谈古寨位于太行山东麓深山腹地，距邢台市70千米。它的地理位置十分险要，隐没在山林中，是个很好的藏身地呢！有人赞美英谈古寨道："它的景色宛如一幅大自然之笔描绘出来的神韵美图。"而对于这一称赞，到过英谈古寨的人都会点头称是。这可不是夸大其辞呢，自古以来，英谈古寨都享有"江北第一古寨"的美称。

"英谈古寨"这个名字是怎么来的呢？唐

朝末年，黄巢义军来此安营扎寨，各路英雄齐聚此地，相约会谈，因此便有了"英谈"的名字。

到了明朝永乐二年，一个姓路的家族从山西大槐树下迁至此地，他们在此安家落户，从此繁衍生息，开垦拓荒。好几百年过去了，终于发展成了百人村落，这便是英谈古寨了。在2008年，英谈古寨就被评为"河北省重点文物保护单位"了呢！

进入寨子，首先映入眼帘的是漫山遍野的树木，这些树木的叶子多为绿色和红色，两种颜色相间，让人产生了一种坐看日出、日落的错觉。

屋子被建造在了山坡上，整个寨子呈阶梯式。屋子多为赭红色石块砌成的，一般都是二三层的小楼房。这些楼型比较独特，门窗都很小，仿佛是一座封闭碉堡。

咱们别停下，继续往前走。脚下是石头路，四周是树木、花朵，而在浅水之上有座小桥，那些淳朴的妇女们淘着米，正准备着食物招待大家呢！屋外，老人在树下讲故事，而孩子们围成一团，这可真是一幅其乐融融的天然画卷啊！

另外，在寨子里你还能看到那种传统的石磨哦，也能看到那种窄长小巷。

英谈古寨的居民们可是非常好客的哦！凡是去观光的客人都会瞧见他们热情淳朴的笑容，瞧见他们勤劳朴实的身影……听，他们此时正用浓浓的乡音诉说着红军的故事呢！

　　英谈古寨无疑是一个历史久远的古寨，它在不断地向人们默默诉说着它的故事。

男人女人都不
穿鞋的边陲古寨

    你瞧，这些脸上涂着色彩，头上戴着草环，身上穿着兽皮的人们在干吗？走近后才发现，原来是在接待来自世界各地的游客！他们的装扮可不是特意的哟，事实上，那是当地的习俗。接下来，我们就一起去边陲古寨走走吧。

    云南是少数民族的聚集地，而且也是旅游胜地。而边陲古寨就是其中的一大亮点。古寨位于大理鹤庆城南12千米处，它距离丽江只有54千米。寨子占地30000多平方米，是独一无二的民居风情旅游区。

在边陲古寨居住了被世俗遗忘的边陲人。当然，这个寨子被建立起来也是有一段故事的！

据说，这些边陲人原本生活在中缅的边境地区，他们没有文化，没有民族，从始至终过着原始人的生活，树叶就是他们遮挡身子的"衣服"，吃的食物也是冷的。更让人诧异的是，他们如鸟儿一般在树上安家落户，屋子也极为简单，就像是用杂草堆积出来的巨型鸟窝。后来，寨子被人们发现后，他们的生存问题得到很大的改善。人们帮助边陲人修建了古寨，久而久之，成为了如今的面貌。

那么，发展至今的边陲古寨又

是怎样的面貌呢？它又有哪些风土人情呢？

　　走进寨内，你会看到这里的很多建筑，比如院子、盖了几排的小茅草屋、看瓜人住的窝棚等，它们虽然谈不上多么巧妙，但是却干净整洁，有条有理。看，那草房上悬挂的是什么？事实上，那是一些不知道叫什么名字的动物的头

骨。而房前则摆放了防御野兽和狩猎用的工具。他们在地上和树上都设下"天罗地网"，然后等着猎物自投罗网。

越往寨子深处走，就能发现越多富有民族风情的景点。这里有热情洋溢的迎宾区，有惊险刺激的狩猎区，有多姿多彩的画脸纹身区，也有展示少数民族婚俗文化的婚俗区，甚至还有一个"特异功能区"，用来展示边陲人的"特异功能"。比如吃火炭、吃树叶、背着游客赤脚踩玻璃等等，这些看似超乎常人的技艺其实是他们从日常生活中锻炼出来的。

　　当地的男人只穿一条黑裤子，女人穿着也极为暴露。更怪异的是，他们居然不穿鞋子，赤脚走在林间会不会很扎

脚呢？事实上，这个民族的人脚上都有一层厚茧，就算踩在石子上都不会觉得疼。

那么这些边陲人是靠什么为生的呢？到过古寨的人都知道，他们的旅游项目都是收费的！

边陲人听不懂我们的话，他们有属于自己的语言，不过却没有文字。这里我告诉大家一些跟边陲人交流的方法。向边陲人表示友好的时候要说"亚哈亚哈"，而想要与他们照相合影，那就得说"咔擦咔擦"，和照相机拍照时的声音极相似！

盛产银子的椰田古寨

椰田古寨盛产银子吗？呵呵，这里我们先留个疑问，后面我再慢慢揭晓答案。下面我们就先走进椰田古寨看看吧！

椰田古寨位于海南省的陵水县，它距离三亚市有20多千米，占地面积有百亩之多呢！站在椰田古寨内，你就能够看到著名的风景区蜈支洲岛、南湾猴岛呢，而椰田古寨更是展现苗家文化的重要风景区之一。这儿四季如春，气候宜人。如名字一样，椰田古寨里椰树成林，当然啦，关于它不得不提的还有五个景区，下面我们就一一欣赏吧！

进入寨子后，你首先看到的便是奇特风情区，这儿有百年的谷仓，有吊脚楼，还有雕满图腾的广场。在热情的苗家

人的接待下，你会有置身世外桃源的感觉。

接着便是古老文化区，里面有一座苗族文化博物馆，馆内用图片、文字、事物等不同方式展现出了海南苗族迁移的路线和过程，同时这里也有当地人的服饰、农耕、饮食、宗教信仰等古老文化习俗的展示。

让人激动的是椰风椰香区，这儿风光秀美、趣味横生。瞧，苗家的哥哥们正爬上椰子树摘取新鲜的椰子招待远方来的客人呢！而苗家姐姐们也忙个不停，她们正制作芳香的椰子味饼干呢！怎么样，喝着、吃着、观赏着，是不是一大乐事呢？

　　最带有奇幻色彩的是椰风神秘傩蛊区，寨子内的傩蛊屋内表现了苗家万物有灵、相生相克的自然崇拜观念。

　　最后要说的便是小锤叮当区，这是苗家手工银器的制造加工地。椰田古寨是个盛产银子的

苗族人"吃""喝"的习俗

　　油茶是苗族百姓用来款待贵客的饮料。客人一口饮尽，就是对主人盛情款待的感谢，如果不肯喝，则会让主人不高兴，认为客人有蔑视之意。苗家还有一个特色菜叫"山泥鳅"。所谓"山泥鳅"，其实就是山里的蜥蜴。把这种小动物处理一下，加上米粉封坛腌制，待客的时候摆出来，可是一味上好的酒菜呢。

　　地方呢！而它的银器加工历史已经有上百年了哦！他们的技艺被一代代地传承下来，展示出中华银器的博大精深。听，这些苗家人又在"叮叮当当"地敲打着银器了！

　　盛产银子的椰田古寨不错吧！

苗族人的
"王者之城"

你看过《湘西剿匪记》吗？这部电视剧内就有苗王寨的画面呢！事实上，苗王寨确实住着一位"苗王"，这和一段传说有关呢！

相传，一位无儿无女的老年妇女住在北方一个叫作"故洪故流"的地方。有一天，老人来到屋子前面的河边洗衣服，突然她看到上游飘来的一个东西，走近一看，原来是被一只彩色鸟的翅膀遮住的铜锅，而锅子内居然躺着一个小孩子。孩子长得浓眉大眼、高鼻丰唇，十分惹人喜爱，于是老人便把孩子抱回了家，取名为阿德。

在苗语中，"德"是"龙"的意思，保护阿德的彩鸟也被老人带回了家中，并且在屋子边的一株大树上为它做了一个窝。每天太阳一出来，彩鸟就叫个不停，人们都说它是太阳变的，所以给它取名太阳鸟。

时光飞逝，阿德已经长大，成为了一个结实而强悍的小伙子。

有一天，空中忽然乌云密布，大雨倾盆，洪水奔腾而来。这个时候，彩鸟飞上树枝，啄下了一片落叶，神奇的事情发生了，叶子变成了朵朵白云，它载着落难的人们往东南方向飞，而彩鸟则载着阿德。

飞呀，飞呀！最终他们落到了一片土地上，人们定居下来，男人女人互相结为夫妇。

阿德去世后，子孙们称呼他为"苗王"，而定居的寨子则被命名为"苗王

寨"。在过去，苗族人都会在每年的苗年和二月二日敲铜鼓、吹芦笙、唱歌、跳舞，以此来纪念"苗王"呢！

现如今，被称为"千里苗疆第一寨"的苗王寨又被苗王的子子孙孙发展成什么模样了呢？

苗王寨历史悠久，已经有600多年的历史了呢。随着时代的发展，寨子逐步演变成苗王城，城中的建筑也保存得十分完整。

要问寨子中什么最多，答曰："门"。四扇大的，八扇小的，让人看得眼花缭乱。另外，寨子内有11条3米左右

宽的小巷道，它们共用一道大门，有些大门只能容一人通过，若是体型太胖，可能就会被卡住呢！此外，巷道内的每家每户相互连通，并且都拥有一扇龙门和一扇后门，这让整座苗王寨好似迷宫一般。

除了寨子里的吊脚楼建筑很有看头外，像穿寨而过的苗王河、险峻秀丽的绝壁，还有茂密的森林，独具一格的风雨桥，以及苗家池塘、连理树、恋爱坡、枯藤老树等等，这些都在展示着苗王寨的淳朴民风和美丽的风光呢！

进入寨子内，你还可以品尝到苗家美食哦，比如苗家饭、苗家米酒、苗家腊肉等，这些名字是不是听着就让人流口水啊！

事实上，想进入苗王寨还不是一件容易的事呢！走到苗王寨的门口，苗族的年轻男女便会"拦截"你，想要进入寨门，那么不仅要喝下苗女们亲手酿造的"拦门酒"，而且还要对上苗族姑娘和小伙子的山歌呦！若是对不上，那么你就不会被允许进入。你想不想去领教一下"戒备森严"的苗王寨呢？